# Na toca dos bichos

relatos de um aluno

Décio Martins de Medeiros

São Paulo – Brasil – 2020

Esta é uma obra de ficção baseada em fatos reais. A semelhança com a realidade não é coincidência.

Ilustrações de Piero Ferraro et al.

Informações bibliográficas:
Autor: Décio Martins de Medeiros.
Título: Na toca dos bichos.
Subtítulo: relatos de um aluno.
Local, Ano: São Paulo-Brasil, 2020.
Páginas: 81 páginas tamanho 6”x9”.
Assuntos: 1.Contos

## Sumário

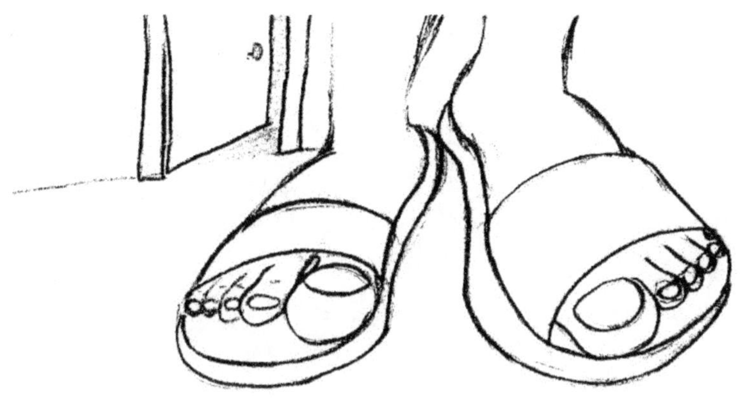

Som de passos vindo:

Clep, clep, clep,...BLAMMM!!!

Bate a porta!

O bicho chega ao seu apartamento na toca.

## A toca

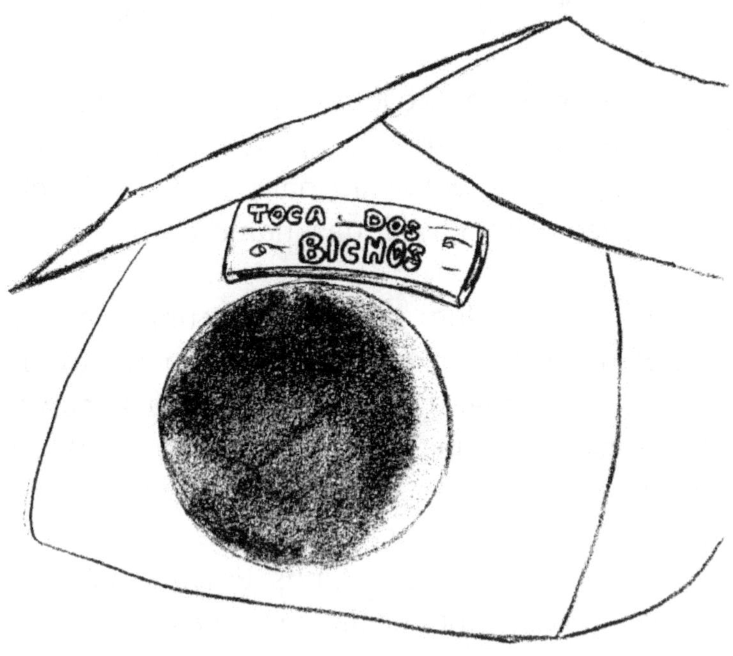


A toca era um alojamento de estudantes com três blocos de vários apartamentos. Cada apartamento com três quartos. Cada quarto com duas camas, duas mesas de estudo, e prateleiras para dois moradores. A pequena copa/cozinha, banheiro e armários, junto ao hall de entrada era compartilhada pelos seis moradores do apartamento.

A toca era o ponto de encontro ao final das tardes da semana.

Os alunos, depois das aulas teóricas, pelas manhãs, e dos laboratórios, às tardes, lembravam uns aos outros: - "*All mice go to the hole tonight!*" [1]

Os alunos da faculdade do interior se refugiavam na toca todas as noites da semana. Aos finais de semana, alguns voltavam para suas casas na capital onde iriam encontrar suas namoradas.

Os alunos, além de estarem cursando engenharia, também prestavam serviço militar obrigatório no CPOR-Centro de Preparação de Oficiais da Reserva. O que diferenciava os uniformes dos alunos, dos uniformes dos tenentes, eram apenas as lapelas nos ombros. Quando saiam da toca para passear no centro da cidade do interior, os alunos tiravam as lapelas e todos batiam continência para eles.

Cinco alunos da faculdade iam de fusquinha até um restaurante de rodízio de carne nos arredores da cidade do interior. Gostavam de ali ficar, até altas horas da noite, tomando sangria de vinho tinto seco com frutas, comendo os aperitivos de queijos e as carnes suculentas ali servidas.

Perto da meia-noite voltavam para o alojamento da faculdade.

---

[1] *"Todos os ratos vão para a toca hoje a noite!"*

Não havia outra toca semelhante nos arredores da faculdade de engenharia.

Um belo dia, isto é, na verdade, uma bela noite, os alunos encontraram a toca fechada. Todos os apartamentos estavam trancados.

Não entenderam nada. O que será que tinha acontecido?

Um dos alunos resolveu pular o muro que tinha nos fundos do alojamento e viu que os apartamentos estavam abarrotados de colchões que impediam de abrir a porta.

Um dos cinco amigos disse:
-Vamos dar uma rodada de fusquinha pela cidade, quem sabe a gente encontra um barzinho aberto...

Depois de gastarem quase um quarto de tanque de gasolina, os muquiranas dos alunos voltaram à toca com a esperança de que tivesse sido reaberta.

E a toca? Quem será que tinha aprontado aquilo?

De repente, notaram que havia um bilhete colado numa das portas que dizia: 'Lembranças de seus colegas veteranos.'

Isto era arte dos alunos veteranos que queriam brincar com os calouros.

Quanto tempo será que a toca iria ficar fechada?

-Nada disso, mãos à obra, vamos tirar os colchões que abarrotam os apartamentos senão teremos que dormir ao relento!

***

Caro leitor, vou contar algumas das histórias do tempo em que vivi na toca dos bichos. A chegada, o encontro com outros bichos, as reuniões, o início de novas amizades, os estudos para as provas, as longas séries de exercícios, os momentos de diversão no cinema do campus, na sala de Xadrez, no jogo Go, na sinuca, na sala de TV, no laboratório de fotografia, no curso de violão, natação, futebol, assistir as partidas de tênis de mesa dos brilhantes colegas orientais, corrida, livros da biblioteca do centro acadêmico, ouvir a rádio Eldorado, visita à capela, assistir as aulas teóricas e práticas do CPOR, as duas marchas, os passeios pela cidade e arredores, as idas à cantina, a livraria, o fundo escolar, o centro acadêmico, a radio, o rodízio de carnes na estrada, o roubo da nossa bandeira, os geradores próprios depois que cortaram os fios de nossas caixas acústicas, a velva, o altímetro, a segunda época compulsória, e muitas outras histórias.

## A placa de bicho

No primeiro dia em que o bicho pisa na toca, é recebido por alguns veteranos, conhece outros bichos, inicia novas amizades.

Cada bicho é batizado com um novo "nome" e seu nome antigo passa a ser seu "apelido".

O nome de bicho é escrito em uma placa de papelão ou de madeira leve, do tamanho de uma placa de carro.

O bicho deve andar, por quarenta dias, com esta placa pendurada no pescoço.

Os "nomes" dos bichos da turma 1971 eram Oranguinho, Linn, Ava, Cabeção, Km 49, Ostia, Embratel, Barateia, Ador, Shaina, Xuxu, Lanova, Fria, Surucucu, Jaú, Pinduca, Piranha, Principe Nico, Ebebes, Fialhão, Geniloco, Dodge, Coronel, Rafael Borges, Não Quis, Padre, Expo CTA ITA, Hepta Louca, Alo, Frangote,

Mof, Coptero, Meteoro, Presado, Agem, Pequeno Polegar, Tanajura, Pudim, Côco Sêco, Vinicil, As, Pi, Antea, Weisselina, C M C, Suino, Macute, Violentado, Obison Rusoé, Liz Young, Parmezon, A Vida, De Deus, Holinha, Rodolfo Augusto, Severuta, Popoca, Xô, Dade, Rosca Fina, Capitu, Babaovo, Pé de China, Esqueci, Geio, Sutra, Opus 6, Kamikase, Lulu Térmico, Tumucumaque, Carne Sêca, Capoulade, Boi, Des, Borrachudo, Matão, Ipê Lôco, Tutaméia, Cuscus, Cocoboy, Sig, Bat Qua, Doçura, Narcizones, Obtuso, Adenudo, Reco Dose Dupla, Phrilips, Pateta, Plat-Plus, Mandacaru, Maskate, Tarzan, Pentavalente, Necronomicon, Cen, Peixinho, Infinete, Nove Mil, Menucho, Dino, Minado, Anônimo, Korcel, Teobaldo, Lampião, Curvas de, Madeira, Ceará, Enofvblu, Êsta, Eme, Tepordê, Vanusa, Bonzo, Iô-Iô, Maniuc, Conhito.

## Acorda, bicho!

Depois de um dia intenso, de aulas teóricas e práticas, já muito cansado, fui dormir.

No meio da madrugada alguém me acorda chacoalhando a cama e gritando: -Acorda, bicho!

Eu gritei de volta: -Eu não sou bicho!

O cara perguntou: Em que ano você está?

-Primeiro ano-respondi.

-Então é bicho!

Levantei, e fui me juntar aos outros bichos que estavam de pijamas no corredor.

Dali seguimos por noite adentro, para um passeio pelo campus, liderados pelos alunos veteranos.

Voltamos para a toca só ao raiar do sol, “prontos” para mais um dia...

## Bicho sempre bicho

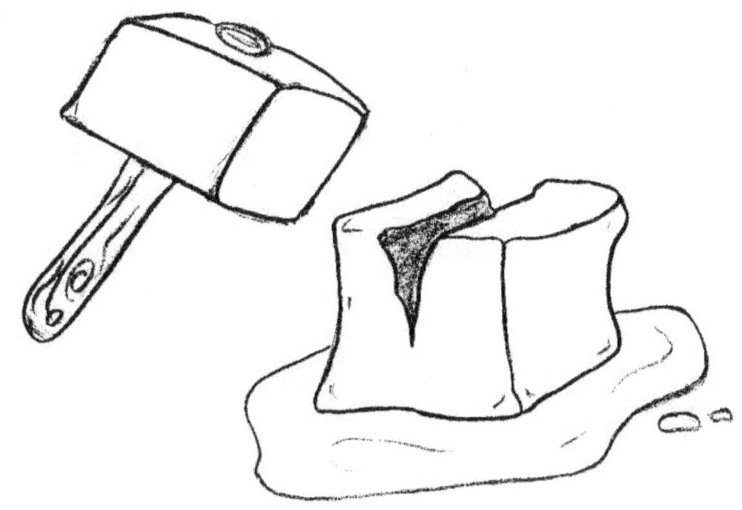

Nos primeiros quarenta dias, muitas eram as reuniões com os veteranos.

Os veteranos ficavam repetindo que todo ano saem da escola cem engenheiros e entram cem bichos e por isso a toca estava se enchendo de bichos.

Veterano é o aluno do terceiro ao quinto ano.

Chacal é o aluno do segundo ano.

Bicho é o aluno do primeiro ano.

Um veterano, durante os anos que está na escola, e mesmo depois de formado, ao encontrar um bicho, afirma: -Veterano, sempre veterano. Bicho, sempre bicho.

Isto não cria muros entre os alunos, ao contrário, cria pontes. Em um futuro encontro de negócios, estas histórias quebram o gelo.

## O linguajar na toca

Dois alunos, colegas de quarto, conversavam sobre a importância de estudar além de assistir as aulas.

-Veja o caso do melhor aluno da nossa turma, ele presta total atenção nas aulas, mas fora das aulas joga o manto[2], e, mesmo assim, tira nota 10 nas provas.

-É um caso único. Nós, meros mortais, precisamos meter gagá[3], além de prestar muita atenção nas aulas.

-Estudar para tirar nota alta ou para aprender mais?

-O melhor aluno será o melhor profissional em qualquer área ou apenas o melhor professor?

---

[2] Jogar o manto = não estudar.
[3] Meter gagá = estudar.

-Veja o caso do colega que, mesmo antes de se formar, já conseguiu emprego. Ele não é o melhor nem o pior aluno, mas consegue resultados práticos na vida real. É por isso que a empresa o contratou.

-Então, qual é o bizú[4]? Qual a fórmula do sucesso? Saber e fazer?

-Sem dúvida! Não é saber OU fazer. É saber E fazer. Não é teoria OU prática. É teoria E prática.

-Teoria se aprende estudando, mas e a prática como se aprende? Fazendo?

-Exatamente, o importante é aprender o básico para construir algo que comece a funcionar. Em um primeiro momento, basta estar bom, não precisa estar perfeito. O importante é colocar para funcionar. Meu lema é que a roda quadrada vai arredondando, depois que começa a rodar, e, assim, vai quebrando as pontas, as imperfeições e ficando cada vez mais redonda, mais bodosa[5].

-Saber teoria ajuda no bostejo[6] mas o projeto bodoso mesmo é o que funciona na prática.

-Este é o verdadeiro bizú!

-E qual a fórmula do fracasso? Esta é óbvia: acoxambrar[7], melar[8], cagar[9], coçar[10], jogar o manto[11], ficar mocado[12], agasalhar[13], ser babador.[14]

---

[4] Bizú = dica. Algo que ajude a resolver um problema.

[5] Bodoso = Algo que é muito bem feito.

[6] Bostejo = Discurso mostrando conhecimento do assunto.

[7] Acoxambrar = Fazer algo mal feito.

[8] Melar = Adiar ou cancelar.

[9] Cagar = Ignorar.

[10] Coçar = Vadiar, não estudar.

[11] Jogar o manto = não estudar

***

Meus cinco colegas de apartamento e eu éramos muito estudiosos, metiamos gagá[15] por vários dias antes das provas e passávamos as noites resolvendo as infindáveis séries de exercícios, sem agasalhar.

Depois de estudar pra caramba, o bicho já cansado, mas superpreparado, terminava dizendo: - Vou fazer a prova no chute!

---

[12] Mocado = Pessoa com pouca ou nenhuma interação social.

[13] Agasalhar = desistir.

[14] Babador = É o que elogia seu professor em busca de melhores notas.

[15] Gagá é o ato de estudar.

## Terremoto

Já era tarde da noite quando alguns bichos, depois de uma partida de sinuca, voltavam para seu apartamento e o encontraram trancado.

O que estaria impedindo de abrir a porta?

Um dos bichos subiu ao teto do alojamento para olhar pela janela que dava para o hall do apartamento e viu que uma cama tinha sido encaixada perfeitamente entre a porta e o armário de alvenaria e isso impedia de abrir a porta.

Um dos cinco amigos disse:
-É o tal do Terremoto que um dos chacais nos prometeu por termos sido bichos rebeldes com ele.

## Maremoto

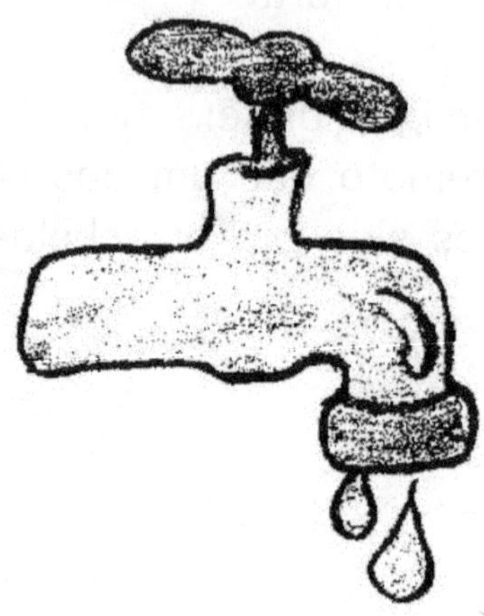

Não sei o que era pior, encontrar o apartamento com a porta bloqueada por uma cama, o tal do Terremoto, ou encontrar o apartamento inundado.

Os chacais gostavam de brincar com bichos rebeldes e inundar seus apartamentos entupindo os ralos das pias dos banheiros com papel higiênico e abrindo as torneiras.

Era o tal do Maremoto.

## Sua mãe

Sua mãe vivia nas ruas do campus.

Ela gostava de vagar pela toca dos Bichos e entrava em qualquer apartamento que estivesse com a porta aberta.

Se agachava e urinava por todos os cantos, sem constrangimento.

Muitas vezes víamos sua mãe transando.

Ela não tinha o menor pudor.

Sua mãe era uma cachorrinha, mascote dos bichos.

## O profeta e a cova dela

Ao anoitecer, os veteranos levaram os bichos, vestindo um lençol e uma sandália, em procissão pelo campus.

Todos os bichos cantaram o hino 'A Cova Dela'. Letra de autor desconhecido e música 'Se essa rua, se essa rua fosse minha':

*'Eu tornei a pisar na cova dela,*
*E uma voz lá de dentro arrespondeu, arrespondeu:*
*-Arretira, arretira o pé de riba.*
*-Não maltrate este amor que já foi teu, que já foi teu!'*

Depois de uma longa caminhada, chegaram a um lugar desconhecido, onde havia uma grande fogueira.

O Profeta surgiu e fez um bostejo[16] incentivando os bichos a apagarem a fogueira com o que tivessem à mão...

Fogueira apagada.

Noite escura, sem estrelas.

Como sair daquele local?

Tivemos que andar pelo mato, vencer os mosquitos, até chegarmos à nossa toca.

---

[16] Discurso, frequentemente irrelevante, denotando conhecimento sobre o assunto.

Velva

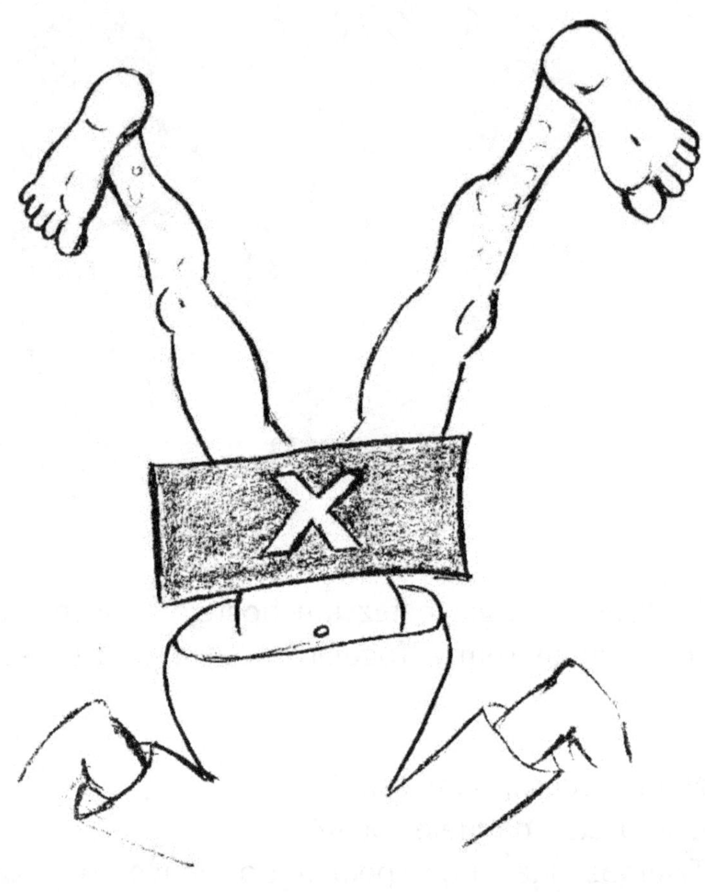

O bicho estava revoltado e falava impropérios contra os veteranos. Quis a má sorte do pobre bicho que entre os alunos que o estava ouvindo se achassem quatro veteranos do segundo ano, os chacais; tipos alegres e brincalhões, os quais se chegaram ao bicho, e o obrigaram a tirar o cinto, as calças e a cueca, e o viraram de cabeça para baixo.

Os veteranos se divertiam e o bicho estava assustado por não saber o que lhe esperava.

Apesar de o bicho espernear e gritar por socorro, nenhum outro bicho ousava avançar sobre os chacais.

Os demais bichos apenas observavam o desalmado divertimento que ao seu colega se estava fazendo.

Os veteranos pegaram um vidro de Acqua Velva[17] e despejaram nos fundilhos do bicho.

Se este adstringente já arde muito quando se passa no rosto no pós-barba, imagine quanto ardia nos fundilhos do pobre bicho.

Deixaram o bicho se vestir enquanto ele continuava com suas queixas, mescladas com ameaças.

O grupo se dispersou e todos foram dormir em paz... Será?

---

[17] Velva era o nome desta brincadeira que consistia em jogar qualquer liquido nos fundilhos da vítima.

## A revolta dos bichos

Fizemos uma vaquinha, compramos tecidos de varias cores, e pedimos para uma costureira confeccionar bandeiras com o numero de nossa turma. Era uma bandeira verde com o numero em vermelho, uma bandeira amarela com o numero em azul e uma bandeira preta com o numero amarelo.

Orgulhosos os bichos expunham suas bandeiras nos corredores da toca, até que um certo dia, uma das bandeiras foi "tomada emprestada, sem ninguém ver".

Os bichos, então, iniciaram uma revolta contra os veteranos.

Estouraram rojões dentro dos corredores da toca.

Jogaram baldes de água.

E o auge da vingança: velva nos veteranos!

## O banho MHS

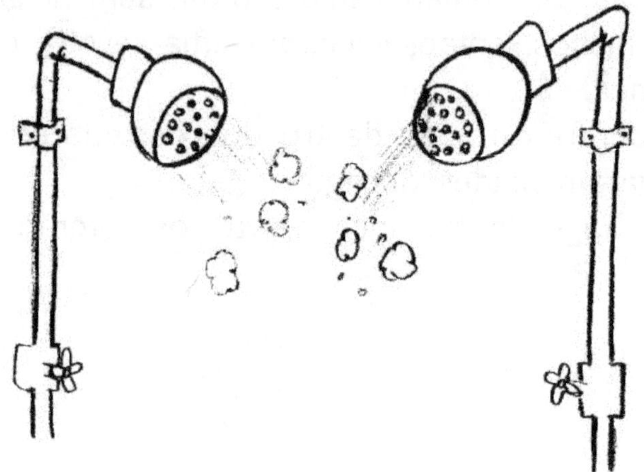

E lá vem os veteranos novamente. Acordam o bicho que dormia profundamente. Levantam a cama pelos pés e o corpo do bicho escorrega.

– Para o chuveiro, bicho! -diz um deles.

Este será mais um banho de madrugada, patrocinado pelos veteranos.

O banheiro tem dois chuveiros, um quente e outro frio.

Os veteranos explicam ao bicho que é para ele passar de um chuveiro para o outro, continuamente. É o tal banho MHS. [18]

---

[18] MHS = Movimento Harmônico Simples

## Os aratacas e as cariocas

Entre os bichos, provenientes de várias regiões do Brasil, haviam dois grupos que se destacavam pela homogeneidade.

Os aratacas eram pessoas naturais da região nordeste do país e, portanto condenados a permanecerem todos os fins-de-semana na toca, já que não podiam voltar para suas casas devido à distância.

O outro grupo homogêneo era o das cariocas. Não, não eram todos os nascidos no estado do Rio de Janeiro. Era o grupo de bichos que falavam com um 'ésse' prolongado ao final da palavra, como se fosse um 'xis', imitando o estereótipo dos cariocas. O curioso é que muitos dos verdadeiros cariocas não tinham este sotaque.

## Pão com ovo

O bicho estava com fome. O jantar no refeitório dos alunos tinha ocorrido há duas horas.

O bicho, então, se dirigiu à cantina da toca.

A cantina ficava à direita, logo após a entrada do bloco do meio do alojamento.

Um recurso muito útil, pois era frequentada pelos bichos e veteranos que queriam beber ou comer algo já tarde da noite, mesmo já tendo jantado no refeitório do campus.

Como a grana era curta, então tinham que ser criativos.

O sanduiche misto quente estava caro, então pedi um pão francês, pedi para fritar um ovo, e coloquei o ovo dentro do pão e comi. Pão mais um ovo era muito mais barato que um sanduiche.

Fiz isso varias vezes, e acabei criando uma legião de seguidores, até que a dona da cantina resolveu colocar no cardápio, o sanduiche 'pão com ovo', ao preço três vezes maior do que os componentes.

Fim de festa!

## Laboratório de Fotografias

Um oásis no meio de tanto estudo e de tanta agitação era reservar um horário no laboratório de fotografia.

Era um momento de relaxamento, de curiosidade pelo resultado, de experimentação de novas técnicas.

O Laboratório de Fotografias permitia revelar e ampliar fotografias em preto e branco.

Era um prazer conseguir obter cópias em papel de negativos antigos.

O laboratório era bem piruado.[19] O aluno ao entrar no laboratório anotava como o tinha encontrado e ao sair fazia o mesmo. Isso era fundamental para zelar pela integridade dos componentes do laboratório e imediatamente identificar algum problema.

[19] Piruado: procurado, reservado.

## Guerra de água

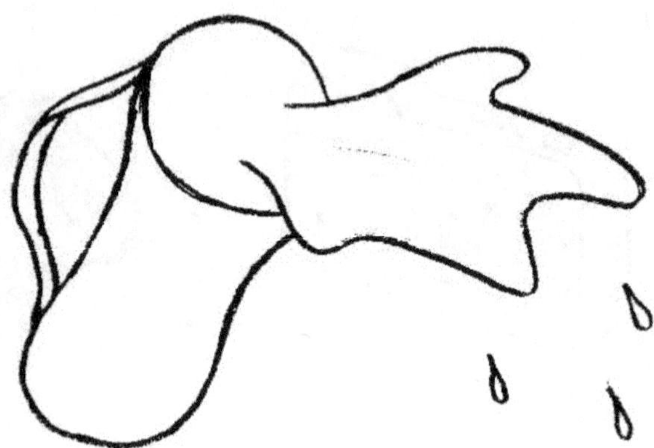

O bicho, que voltava calmamente do refeitório para a toca, não sabia que estava rolando uma batalha campal.

Quando se aproximava da entrada, apareceu um chacal que lhe jogou agua com uma daquelas típicas jarras de plástico.

O bicho surpreso, mas esperto, tentando afastar o agressor, gritou: - Ei, cara, tenho documentos no bolso da camisa.

O chacal se afastou rapidamente porque sabia que era proibido molestar fisicamente aos colegas.

O bicho então continuou, entrou na toca, mas novamente foi surpreendido, no corredor que levava ao seu apartamento, com o ataque de quatro chacais.

Seguravam suas mãos e pés, tentando levá-lo para tomar uma velva.

O bicho que era esperto fingiu um falso desmaio.

Os chacais fugiram de medo.

Quando entrava em seu apartamento, dois chacais invadiram e entraram com ele, pedindo para tirar a roupa porque iria levar uma velva.

O bicho que era esperto percebeu que os chacais ficavam conversando e não notaram que ele desabotoava a camisa bem devagar, para ganhar tempo, já que não tinha outra coisa a fazer.

Os chacais reclamaram: -Ei, bicho, mais rápido.

Neste momento, bateram na porta. Quando os chacais abriram, os colegas do bicho entraram e o resgataram.

Ufa! Livre da velva!

## Um bicho sabonete

No campus havia um refeitório com bandejão.

Muitas vezes serviam feijão com quiabo (argh!). Havia o boato de que colocavam salitre na comida. Eu sempre levava molho de pimenta para dar sabor à comida. Lembro também que alguns colegas furavam os copos de plástico com palitos, para que não fossem reutilizados...

Algumas vezes, depois da comida, tínhamos cólicas e uma baita juliana...[20]

Naquele dia, o bicho entrou no refeitório levando sua garrafinha de molho de pimenta.

Pegou o bandejão, foi servido de arroz, feijão com aquela gosma de quiabo, carne, salada.

---

[20] juliana = diarréia

Sentou-se à mesa, junto dos colegas, e começou a comer calmamente.

De repente, chega um pentelho de um chacal, que já estava invocado com este bicho e manda o bicho pegar o bandejão e comer debaixo da mesa.

O bicho obedeceu, maliciosamente.

Foi para baixo da mesa, mas dizia que tinha dificuldade.

O chacal falava: -Se vira!

O bicho virava debaixo da mesa.

O chacal impaciente gritava: - Bicho burro!

E se afastou, já imaginando o que ia fazer com aquele bicho rebelde.

## Um chacal fujão

Tarde da noite, os seis moradores do apartamento já estavam de pijamas.

O silêncio imperava.

Tudo pronto para dormir, exceto que...

O silêncio era diferente...

De repente, um bando de bichos, em busca de vingança, invade o apartamento dos chacais.

Foi um reboliço.

Meus colegas, dos dois quartos da frente, serviram de anteparo.

Meu colega do quarto do fundo, e eu, em gesto automático, passamos por baixo da persiana, abrimos o trinco da janela e pulamos para o pequeno quintal.

Em seguida pulamos o muro e fomos nos esconder no estacionamento da toca.

## Os morcegos do cinema

Quantas vezes fomos assistir películas antigas no cinema do campus.

Era mais um dos muitos recursos disponibilizado aos alunos.

Ocorria que muitas vezes sentíamos um estremecer no vento acima de nossas cabeças.

Seria o bater de asas???

O que estaria voando dentro do cinema?

Seriam passarinhos???

Nunca saberemos...

## O trenzinho

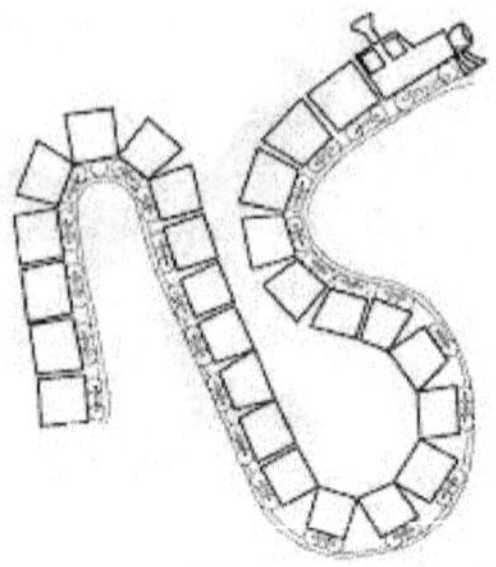

Os bichos eram capturados e colocados em fila, formando um "trenzinho" que saia da toca e ia pelos arredores cantando: "Eu uso pasta de dente", Tisss, "Ela faz bem para os dentes", Tisss.

O trenzinho ia aumentando de tamanho com bichos que recolhia pelo caminho.

A brincadeira continuava até voltarem para a toca onde mais chacais os aguardavam ansiosamente para mais brincadeiras criativas.

## Banherímetro

Naquele dia os chacais resolveram descobrir quantos bichos cabiam no banheiro da toca.

Começaram a colocar dentro do banheiro, em primeiro lugar, os bichos mais altos e mais gordos.

Quando já estava superlotado, pediram para os bichos contarem a quantidade de pés e dividirem por dois...

## Menos um

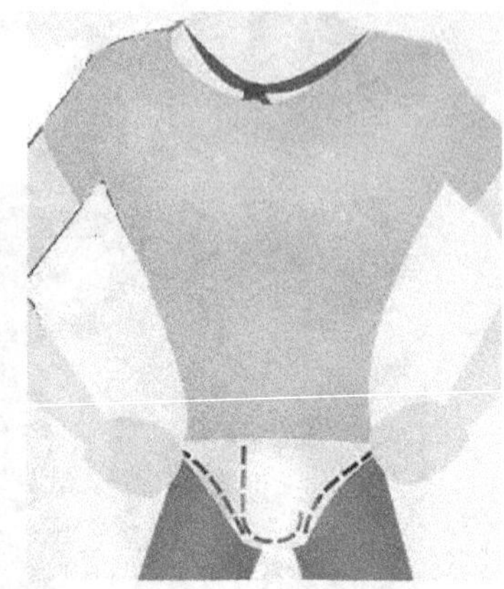

O bicho estava andando calmamente por um dos corredores quando, de repente, uma porta se abre e ele é puxado para dentro da sala.

Uma rápida transformação ocorre dentro da sala e o bicho então é devolvido ao corredor, mas com suas roupas totalmente invertidas, com a cueca por cima das calças.

É a tal da brincadeira "menos um", isto é, o inverso.

## Morteiro na resistência do chuveiro

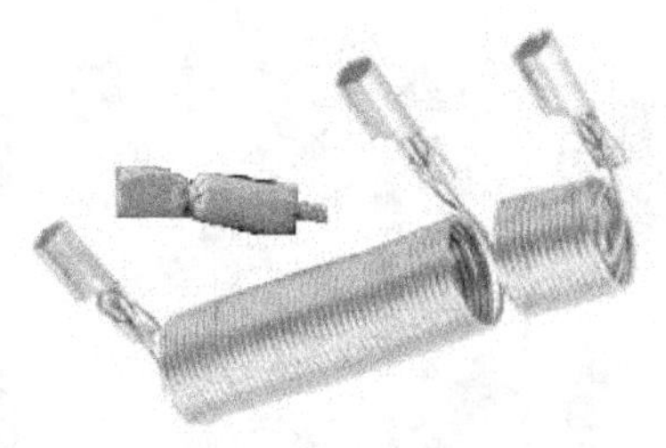

Ouvimos um estrondo vindo do apartamento vizinho. Corremos para lá para ver o que havia acontecido.

Saia um cheiro de queimado do banheiro.

Arrombamos a porta e lá estava o bicho parado, branco como a neve, sem saber o que tinha acontecido.

Ele estava tomando seu banho quente, sossegadamente, com a mente fazendo aquelas viagens, quando de repente, explode o chuveiro sobre sua cabeça.

Como isso pode acontecer?

A investigação revelou que tinham colocado um morteiro junto à resistência do chuveiro.

Quando a resistência esquentou, queimou o pavio do morteiro que explodiu.

Se o bicho fosse cardíaco...

## As salas de jogos

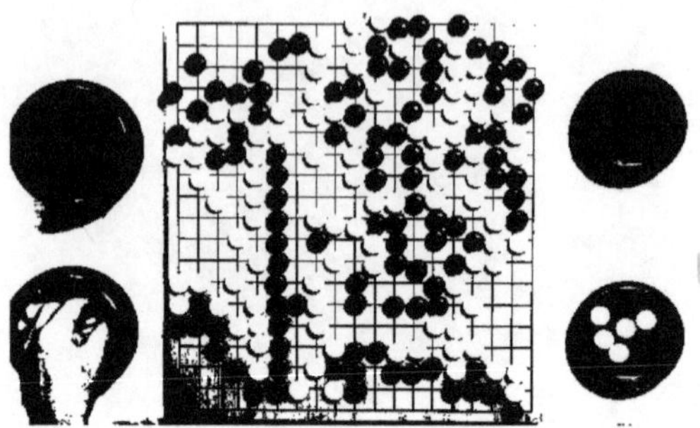

Era um dos locais que eu mais gostava de frequentar, depois da sala de TV.

Tinha tabuleiro de xadrez, tabuleiro de Go, sinuca, tênis de mesa.

Nunca fui bom em sinuca e tênis de mesa, mas era regular em xadrez e muito interessado em aprender Go.

## Pularam no meu pescoço

O bicho esperto visitava a sala de TV todas as noites para assistir o Jornal Nacional e, antes dele, a novela Minha Doce Namorada.

Um belo dia estava ele e um colega, assistindo a novela quando entraram na sala três marmanjos que tinham o dobro da sua altura.

Eram dois bichos da mesma turma e um chacal da turma anterior.

O chacal ousado se levanta, vai até a tv e sem pedir licença muda o seletor de canais.

O bicho esperto se levanta e volta o seletor de canais para a posição anterior.

O chacal se levanta e muda novamente.

O bicho ousado se levanta e retorna o seletor.

Neste momento o chacal voa e pega o bicho ousado pelo pescoço.

A sorte é que os outros dois bichos grandes o salvaram.

## Curso de violão fracassado

Um dos chacais era bonzinho e se propôs a ensinar violão aos bichos.

Me interessei, pois já tinha tentado aprender e não tinha conseguido.

O curso seria teórico e prático.

Tentei, tentei, mas faltava o dom.

Desisti!

## Invento bodoso

Os carros da época não tinham temporizador no limpador de para-brisas.

O bicho entusiasmado com o aprendizado de eletrônica queria construir um temporizador para o fusquinha de seu pai.

Estudou o assunto, em um artigo de revista especializada em eletrônica, que trazia um circuito para isso.

Juntou os componentes e montou um protótipo.

Era o momento do teste. O protótipo estava bem feito. Tinha revisado tudo. Era hora de ligar o invento bodoso[21] no motor do limpador de para-brisa.

Momento de ansiedade.

Tudo conectado.

Puxou o botão do limpador, e....

Puff! Um estouro! Queimou o fusível do carro. Que decepção!

O bicho não parava de pensar no que podia ter falhado.

---

[21] Bodoso = bem feito.

Finalmente descobriu que o circuito do artigo da revista estava correto, mas se aplicava a um modelo diferente de motor de limpador de para-brisas.

Ele precisava descobrir uma forma de adaptar.

Precisava de algum componente "mágico" que não deixasse seu circuito entrar em curto logo na partida.

Para encurtar a história, depois de passar horas e horas pensando e depois de consultar seus colegas, sem sucesso, foi durante um sonho que encontrou a solução: Uma lâmpada!

O que colocava em curto seu circuito é que, na posição desligado, o motor do limpador de para-brisa era conectado ao terra por um fio. Bastava substituir este fio por uma lâmpada de lanterna do próprio carro, A lâmpada funcionaria como um curto, quando a chave não estivesse ligada, e funcionaria como uma resistência, quando a chave estivesse acionada. Eureka! Testou e funcionou!

O invento era bodoso e a solução foi adaptar o motor do limpador de para-brisas. Um insight que chegou quando o bicho estava dormindo.

## Esportes

As piscinas, as quadras e o ginásio eram outras atrações do campus.

Gostava de natação, corrida e futebol de salão.

Depois de jogar uma partida inteira de futebol e muito suado, o bicho esperto corre e mergulha de cabeça na piscina.

Na hora o corpo reagiu e voltou a sinusite da infância.

Lá vai o bicho para o posto médico fazer tratamento de banho de luz e inalação.

## Livros

Muitos eram os livros utilizados.

Além dos livros disponibilizados pela biblioteca central, haviam alguns do centro acadêmico.

Comprei alguns que conservo até hoje.

Um deles tem a dedicatória de um professor francês.

## Geradores próprios

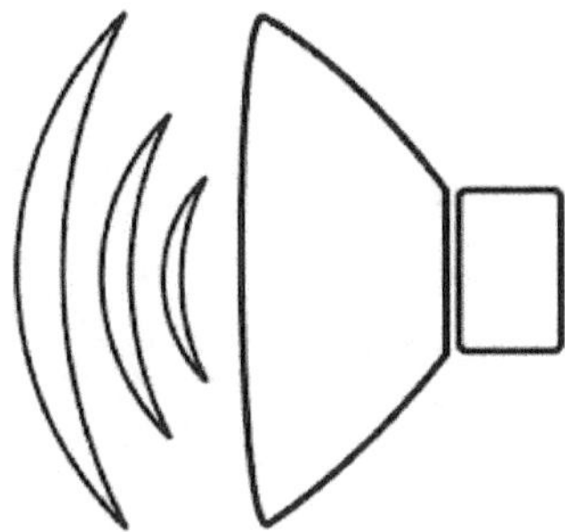

Todas as noites nós gostávamos de conversar ou estudar ao som da radio Eldorado.

Numa destas ocasiões, o apartamento vizinho, incomodado com o som que vinha do nosso, resolveu aumentar o volume do amplificador do conjunto de som deles.

Começou a guerra de áudio.

Colocamos nossas caixas acústicas no corredor e aumentamos o volume.

Um veterano invadiu nosso espaço aéreo e cortou os fios das caixas acústicas.

Depois que ele se foi, e vimos que estávamos em segurança, saímos os seis ao corredor e passamos a transmitir com geradores próprios, gritando no corredor:

-Um dois, um dois, com regulador Xavier, um dois, vive melhor a mulher.

O resultado desta provocação, não me lembro...

## Prova sem consulta no apartamento

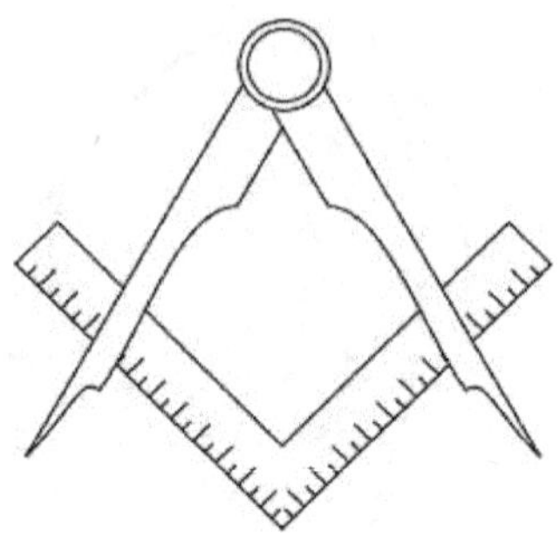

A cultura da Disciplina Consciente é a seiva que percorre todos os bichos, chacais e demais veteranos.

A cada nova turma de bichos, os veteranos mostram a necessidade de preservar essa cultura.

Os que aderem a esta cultura não colam mesmo que não estejam sendo fiscalizados. Os que não aderem a este comportamento são expurgados.

É mais que uma cultura dentro da toca, é um código de honra que acompanha os formados em sua vida pós-toca.

Quando um professor dava uma prova e dizia que era para fazer em casa, sem consulta e que tinha o prazo de duas horas. Assim os alunos faziam.

Poucas pessoas acreditavam, mas acontecia.

Havia um clima de confiança mútua entre professores e alunos.

A Disciplina Consciente, gerida pelo Centro Acadêmico, foi uma grande concepção.

Os alunos além de serem preparados intelectualmente eram também formados centrados no comportamento, na ética.

## Azul da cor do mar

Quando o bicho esperto virou chacal, ele resolveu inovar e inventar uma brincadeira.

Pegou um pó azul no laboratório de química.

Chamou um bicho e falou para ele tomar banho.

Sem deixar o bicho perceber, o chacal colocou o pó azul nos cabelos do bicho.

Quanto mais o bicho esfregava os cabelos debaixo do chuveiro maior era a quantidade de agua azul que escorria pelo seu rosto.

## Pererecas na caixa de fósforos

Era só voltar de férias que os banheiros estavam repletos de pererecas.

Como resolver a situação?

Fácil!

Pega um bicho e pede para ele ir guardando as pererecas em uma caixa de fósforos.

## Passeios pelos arredores

Quantas vezes, mentalmente cansados de estudar, pegamos o fusquinha e fomos passear pela cidade e seus arredores, o cruzeiro, a fabrica de cobertores, a vila próxima.

## Descendo o morro de ré

Estava uma noite agradável.

Não tínhamos prova no dia seguinte.

Dois bichos resolveram dar uma volta de fusquinha.

Depois de percorrer os arredores resolveram ir até a cidade vizinha.

Pegaram a estrada e logo notaram que um carro os seguia de muito perto.

Aceleraram. O outro carro acelerou. Pararam no acostamento. O outro carro também parou. Estava comprovado: estavam sendo seguidos.

Quem seriam os perseguidores? Seriam chacais que queriam atormentar a vida desses bichos? Ou seriam marginais?

Os bichos voltaram para a estrada acelerando o máximo e começaram a subir um morro.

E o outro carro se aproximando.

Quando chegaram ao topo do morro o outro carro os ultrapassou e se posicionou de frente a eles.

Não havia outra saída, tinham que dar marcha à ré.

Desceram o morro todo de marcha à ré, com o carro perseguidor sempre muito próximo!

Ao chegarem à estrada viraram e aceleraram até conseguir aumentar a distância do perseguidor e viraram na primeira viela à esquerda, conseguindo, finalmente, despistar o outro carro.

Ufa! Que aventura! Hora de voltar para a toca.

## Bicicleta de carona no fusca

O amigo do bicho esperto, que também se considerava esperto, pediu para fazerem um teste em uma avenida em frente ao tênis clube.

O amigo queria testar até que velocidade chegava sua bicicleta.

Foram até o local.

O bicho de bicicleta segurando na porta do fusquinha do seu amigo pediu para ir aumentando a velocidade e falando o valor.

Nem me lembro até que velocidade fomos.

Hoje fico pensando no perigo que foi essa brincadeira, pois uma pequena pedra no caminho poderia ter feito o amigo voar.

## Na hipotenusa, não!

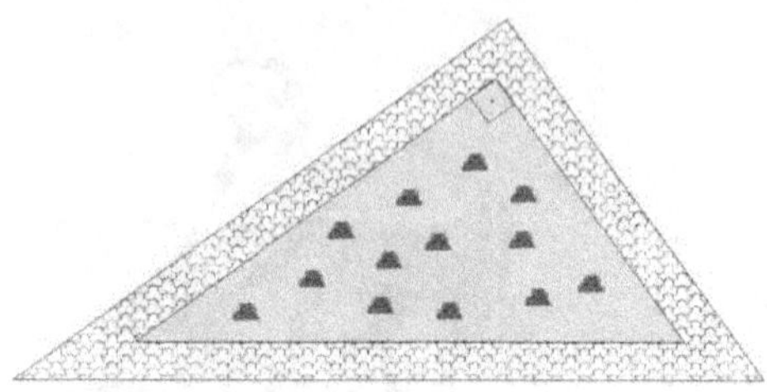

Os chacais proibiam os bichos de andarem na hipotenusa, podiam andar apenas nos catetos das praças.

## Dispenca [sic]

Nos faziam subir nas mesas e ouvíamos os chacais falarem "dispenca" e nos jogávamos da mesa

–"Bichos burros!" Os chacais ficavam gritando: "Diz, penca!".

Bastava dizer "penca" e descer da mesa.

## Altímetro

Havia também a brincadeira de vendar o bicho, pedir para subir numa tabua, e com um veterano de cada lado segurando e balançando a tabua, e outro passando lentamente a mão no bicho da cabeça aos pés, o bicho ficava com a sensação de que estava subindo, e quando a mão chegava aos pés, os três veteranos gritavam: “pule ou nós te empurramos”. O bicho se jogava, mas ele estava a apenas a 1 cm do chão.

## Foguetório

Em uma daquelas memoráveis noites, os bichos foram acordados com um foguetório.

Parecia guerra, saíram todos dos quartos e correram para fora da toca.

Depois de um certo tempo, quando não haviam mais fogos, resolveram voltar aos seus apartamentos.

Surpresa!

Seus colchões tinham sumido, e estavam todos em um só quarto.

Enquanto todos os colchões não foram retirados deste quarto, os bichos moradores do mesmo, não puderam dormir.

## Um batráquio provocador

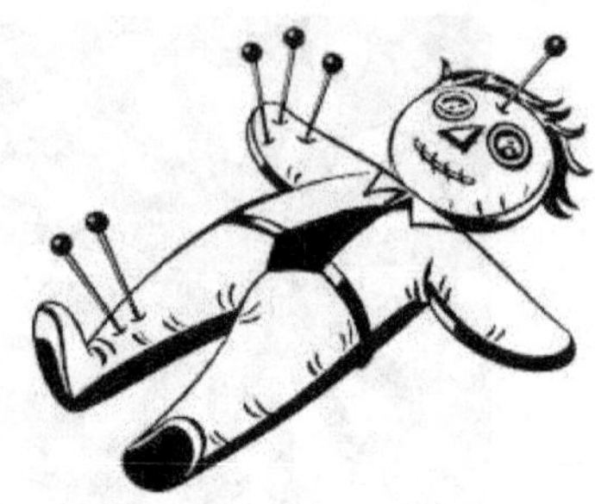

Um batráquio[22] caminhava pelo corredor da toca, em direção a seu quarto, depois de sair da cantina.

Ele vinha pensando:

-Puxa, como sou esperto. Escapei da velva quando era bicho e quando era chacal.

Entrou em seu apartamento, passou pelas portas do quarto da direita, e foi se acomodar no seu cantinho, à direita do quarto do fundo.

Cumprimentou seus cinco colegas de apartamento, que já estavam todos em suas mesas, estudando para a prova da manhã seguinte, ao som da rádio Eldorado FM.

Este batráquio, depois de meter gagá[23] por duas horas, começou a falar em voz alta, provocando seus colegas:

- Não levei velva dos chacais nem dos bichos, quando eu era chacal;

---

[22] Batráquio = era como o professor de Eletronica Aplicada se referia aos seus alunos do terceiro ano.

[23] Meter gagá = estudar.

-Vou me formar sem levar velva.

Os colegas responderam:

-Não provoque. Estamos estudando.

O batráquio respondeu:

-Acho que não tem macho nesta escola!

Foi a gota d'água!

Os cinco colegas levantaram-se e aplicaram uma merecida velva no batráquio provocador.

## Bundograma

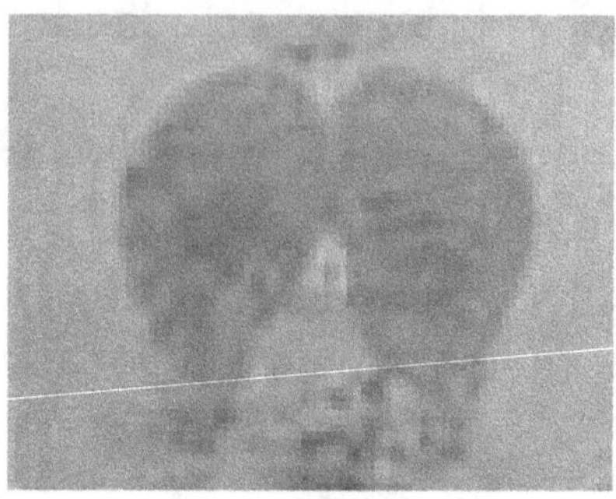

Depois de "recrutar" um bando de bichos e encher o quarto esquerdo de um dos apartamentos, os chacais promoviam a guerra simulada entre bichos ocidentais e bichos orientais.

Os chacais usavam o quarto direito de um apartamento como quartel general.

No quarto esquerdo os chacais mandavam os bichos ocidentais atacarem os bichos orientais e vice-versa.

Durante a guerra simulada, sequestravam um bicho, levavam para o quarto dos fundos e pintavam sua bunda com tinta vermelha, e faziam bundogramas nas paredes.

O bicho esperto, para fugir da confusão, ficou em um cantinho dizendo que estava com gripe.

Depois de ver vários colegas serem sequestrados e levados ao quarto dos fundos, o bicho esperto teve uma ideia. Desabotoou a calça jeans, e abaixou o zíper.

De repente um chacal se aproximou dele e disse: -Ei, bicho você já fez bundograma?

-Claro, respondeu o bicho esperto, quer ver? E mostrou a calça desabotoada e o zíper abaixado.

O chacal se afastou.

Ufa! O bicho esperto escapou dessa.

## Sobrancelhas raspadas

O chacal inventou uma brincadeira: “raspava” as sobrancelhas do bicho com um barbeador elétrico sem laminas, mandava ele passar as mãos para sentir que as sobrancelhas tinham sido raspadas, ele ficava desesperado, gritava que ia denunciar ao Departamento de Ordem e Orientação, então o chacal pedia para ele se olhar no espelho, e ao ver que nada havia sido raspado, ficava aliviado.

## Segunda época compulsória

Era final de ano.

Muitas provas.

Já cansados os bichos pediram ao professor de laboratório de eletrônica aplicada para aplicar uma prova de múltipla escolha, pois já tinham feito a prova teórica na forma tradicional, dissertativa.

O professor concordou, mas no dia da prova, para surpresa de todos, a prova apresentada era dissertativa e não múltipla escolha conforme combinado.

Os alunos questionam o professor que se manteve irredutível.

Então os alunos pediram para o professor sair da sala para que eles pudessem conversar e decidir o que fazer.

Depois de muita discussão os alunos decidiram que não fariam a prova dissertativa. Chamaram o professor e comunicaram.

Ele ficou furioso e disse que isso era uma afronta.

Os alunos retrucaram que o que ele fez, ao descumprir o combinado, era uma afronta.

A situação ficou tensa frente ao impasse.

Nesta hora o representante de turma se levantou, lembrou aos colegas que já tínhamos tomado uma decisão. Pegou suas coisas e abandonou a sala. Foi seguido por todos.

Ao retornar das férias encontramos um comunicado de segunda época compulsória.

## Não foi decretado o verão

Tínhamos aulas teóricas e práticas no CPOR duas tardes por semana.

Uma cena gozada ocorreu quando nós, bichos de engenharia e bichos no CPOR, numa manhã quentíssima, em formação para juramento à bandeira, todos de japonas, pois vinhamos de um inverno rigoroso, estávamos suando por todos os poros e implorávamos para o sargento deixar a gente tirar as japonas.

Impassivelmente o sargento gritou:

-Não podem tirar as japonas, pois ainda não foi decretado o verão!

Em outro lance curioso, estava marcada uma marcha de 8 quilômetros. Todos os alunos do CPOR em formação, com seus uniformes completos, com mochilas, e nos pusemos a caminho. A marcha foi bem cansativa e as presilhas da mochila em meus ombros chegaram a me machucar (Eu que era fraco ou a mochila que era forte?).

Ao chegar ao destino os alunos inconformados pediram ao tenente para voltarmos de caminhão, e assim foi.

A próxima marcha, que seria de 20 quilômetros, não ocorreu, pois todos faltaram.

## E um aluno sumiu

Houve uma denúncia de célula comunista instalada em alguma parte do campus.

De repente um aluno sumiu.

Por mais de uma semana ele não compareceu a nenhuma aula.

O que teria acontecido com ele?

Quando ele finalmente apareceu, perguntamos o que ele fazia no tempo em que esteve afastado.

Ele disse que aprendeu a escrever com a mão esquerda.

## De moto para morto só falta um erre

A vida não é feita apenas de momentos felizes.

Perdemos alguns colegas em acidentes.

Um deles estava andando de moto na cidade, quando o caminhão à sua frente deu sinal que ia virar à direita, ele acelerou para passar o caminhão pela esquerda, mas o maldito virou à esquerda e atropelou nosso colega.

Fomos todos à capela do campus aguardar a chegada do corpo e rezar pela alma de nosso amigo.

## A Livraria

Fui convidado a gerenciar a livraria do centro acadêmico por um ano.

A livraria tinha como objetivo disponibilizar aos bichos e veteranos alguns livros a baixo custo.

Infelizmente recebi a livraria com o caixa negativo, já que muitos alunos tinham comprado livros e estavam devendo. Observei também que a livraria tinha uma coleção de livros de alto custo, que não fazia sentido haja vista o objetivo dela.

Tomei duas ações saneadoras.

Transferi as dividas dos alunos com a livraria para o fundo escolar do centro acadêmico, afinal era para isso que existia o fundo escolar. O caixa da livraria se recuperou.

Vendi a coleção para um aluno de engenharia mecânica, e o caixa aumentou.

Visitei uma editora e peguei vários livros em consignação. Sem tocar no caixa.

Os clientes da livraria voltaram, o caixa estava saudável, estava na hora de passar a gerência para outro colega.

## Apagão geral

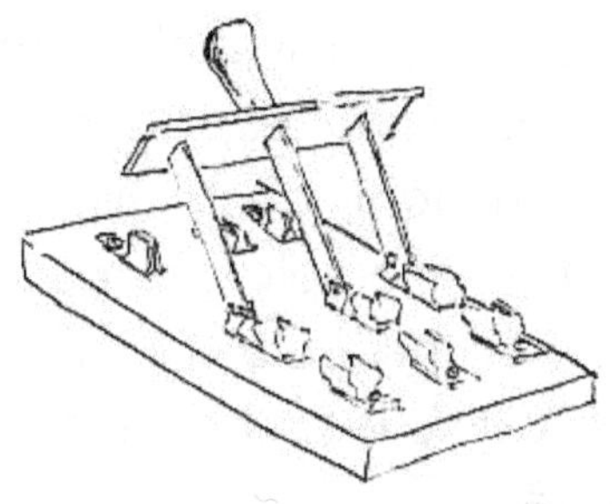

Era meia noite, os seis bichos já cansados de meter gagá[24], apagam as luzes e se deitam.

Eis que alguns chacais entram sorrateiramente no apartamento dos bichos.

Um deles desliga a chave elétrica geral.

Alguns chacais se posicionam na cabeceira e outros nos pés de uma das camas ocupadas por um bicho.

De repente, pegam a cama do bicho, colocam de cabeça para baixo e saem correndo.

O bicharal, ao ouvir o grito de um dos colegas, tenta acender as luzes, mas nada acontece, pois a chave geral estava desligada.

[24] Meter gagá = estudar.

## Muitas outras histórias

Em cinco anos de convivência com bichos, chacais, batráquios, e outras espécies, aconteceram muitas outras histórias que aqui, neste livro, não foram contadas, como por exemplo, as que me foram mencionadas pelo bicho Lulu Térmico:

*O bicho que vai à piscina, fardado de máscara, snorkel e pé de rã.

*O famoso prato 'sonho de noiva' no jantar de domingo: uma salsicha e dois ovos.

*O bicho que fez um lanche fardado de motoqueiro em pleno verão, com botas, casaco e calça especiais.

*O chacal que se veste de pirata e sai do barco com seu papagaio de ombro.

*O bicho preparado para cirurgia pelo Dr. Chacal: nu sobre a mesa, com os holofotes ligados e direcionados ao seu corpo, por horas a fio.

*O mijômetro, onde o bicho com vendas nos olhos, deitado, recebia água morna sobre ele.

*Entrevista com o chacal que matou uma cobra nas imediações da toca.

*O fedor infernal do macarrão com alho e óleo que vinha da caserna próxima à toca.

## Sobre o autor

Décio Martins de Medeiros.
Autor de livros de poesias, teologia, gestão, vendas, genealogia, memórias e outros assuntos, Amazon e Bibliomundi.
Participa do blog Prazer Compartilhar e do Clube de Autores.
Bicho do ITA em 1971. Graduado Engenheiro de Eletrônica em 1975.
Conheça as capas e sinopses dos livros do autor:
https://sites.google.com/view/autordeciomartinsdemedeiros/

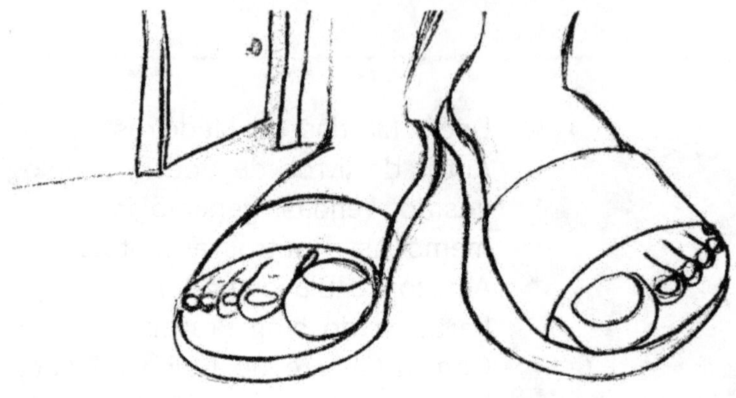

Som de passos indo:

Plec, plec, plec,... BLAMMM!!!

Bate a porta!

O bicho sai de seu apartamento na toca.

Na toca dos bichos